Couvertures supérieure et inférieure
manquantes

# QUATORZE ANNÉES

# D'ADMINISTRATION

## MUNICIPALE

### (1850-1864)

par

## M. LOUIS JARRIT DELILLE

ANCIEN MAIRE DE GUÉRET

Vice-Président du Tribunal de Guéret — Membre du Conseil Général de la Creuse

Chevalier de la Légion-d'Honneur

---

**GUÉRET**

Imprimerie de Mme veuve Betoulle

—

1866

## I.

Je dois à mes anciens administrés un résumé de ma longue gestion municipale.

Les circonstances m'ont contraint de retarder jusqu'à ce jour cette publication.

A la veille des dernières élections municipales, j'ai dû ajourner ce compte-rendu. — J'ai attendu, — en conseillant à tous la conciliation et l'union, — le nouvel arrêt de mes concitoyens.

Aujourd'hui, l'administration municipale de la ville de Guéret fonctionne régulièrement depuis plusieurs mois; — recrutée parmi les membres du précédent Conseil municipal, qui donnèrent leurs démissions après ma révocation, elle est dirigée par l'un de ceux de mes anciens collègues qui m'ont le plus vivement encouragé et soutenu.

Je peux donc, maintenant, — loin de toute agitation, — accomplir mon devoir envers une population à laquelle je suis si profondément dévoué et qui s'est montrée si reconnaissante.

Je dois ce compte-rendu à mes anciens administrés, — non seulement en mon nom, mais au nom de tous mes honorables collaborateurs, — au nom de l'ancien Conseil municipal, qui toujours m'a fortifié de son concours, — et qui, à la nouvelle de ma révocation, a voulu suivre dans sa retraite une administration à laquelle il avait été uni dans une même pensée de bien public.

Je ne peux oublier que les améliorations que nous avons réalisées sont dues, surtout, aux Conseillers municipaux qui m'ont constamment guidé; si nous n'avons pas fait tout le bien que nous désirions, nous avons fait celui que nos ressources nous permettaient d'effectuer.

J'aurai atteint le but que je me propose en écrivant ces pages, si un jour elles rappellent à quelques-uns de nos concitoyens quatorze années d'une administration municipale, qui n'a pas été, — j'ose le dire, — sans utilité pour les intérêts communaux, et dans laquelle nous n'avons jamais eu d'autre ambition que celle de rechercher le bien de la cité avec indépendance et dévouement.

## II.

On se rappelle les circonstances difficiles que nous traversions en 1850.

C'est dans ces circonstances, qu'à la suite de la démission de M. Lasnier, on me pressa de faire partie d'une administration provisoire, composée de MM. Gaillard et Poujaud fils. Quelques mois après, je fus appelé à l'honneur de présider à une organisation municipale, dans laquelle MM. Poujaud et du Cros voulurent bien accepter les fonctions d'adjoints. — Lorsque MM. Poujaud et du Cros furent, en récompense de leurs services, appelés successivement au Conseil de préfecture de la Creuse, je trouvai dans le concours de MM. Bernard et Vollant une collaboration des plus intelligentes et des plus utiles pour les intérêts de la ville.

Si je n'avais consulté, alors, que mon intérêt privé, j'aurais reculé devant la délicate mission qui m'était offerte. Les esprits étaient agités et défiants; les finances municipales se ressentaient de la secousse de Février. On m'affirma que, sans précédents politiques, je pourrais, dans notre cité, concilier ce qui était divisé, et contribuer à réaliser le bien. On me disait aussi, que mon grand-père, M. le baron Voysin de Gartempe, m'avait laissé une part d'héritage qui commandait de ne pas reculer ; je cédai aux instances de mes amis, en renonçant à entrer dans un autre carrière, qui s'ouvrait devant moi. A vingt-cinq ans, à peine, je résolus de consacrer tout ce que j'avais de force et de dévouement aux fonctions municipales qui m'étaient remises.

Un appel immédiat fut adressé aux électeurs pour la constitution d'un Conseil municipal.

La lutte fut ardente, et se ressentit des vivacités que l'on apportait, alors, autour du scrutin. Le Conseil de la cité fut composé de divers éléments, mais chaque membre étant animé d'un même désir du bien public, tous devaient bientôt se trouver réunis dans une entente commune pour éclairer et soutenir l'administration locale. — Quelle opposition, du reste, pouvions-nous redouter ? — Serviteur soumis de la loi, — exécuteur respectueux des décisions librement formulées par la majorité, — nous n'avions d'autre pensée que celle de gagner la confiance du Conseil par notre attachement aux intérêts de nos administrés.

Le coup d'État du 2 décembre eut lieu peu de temps après notre entrée à la mairie. La France cherchait, dans les souvenirs glorieux du premier Empire, protection et espérances ; par crainte de l'anarchie, le pays fortifiait le pouvoir.

Les événements de décembre furent le signal, dans diverses provinces, de mouvements insurrectionnels. La Creuse, elle aussi, eut ses agitations et de sévères dispositions furent prises pour assurer le maintien de l'ordre. Nous fûmes assez heureux pour faire partager à l'administration supérieure la conviction qu'aucune mesure ne devait être prise à Guéret.

Lorsque M. le général Canrobert fut envoyé dans la Creuse pour exercer, au nom du Prince-Président, une mission de grâce, nous eûmes la bonne fortune d'obtenir de Son Excellence de nombreuses mesures d'indulgences, qui jetèrent la joie dans plusieurs familles du département. Nous conservons les témoignages de reconnaissance que nous recueillîmes alors, comme l'un de nos plus doux souvenirs.

Dès la première année de notre administration, il nous était donné de réaliser la pensée de conciliation dans laquelle nous avions accepté les fonctions municipales. En cherchant à écarter les proscriptions, nous pensions mieux servir le Gouvernement, qu'en semant, par excès de zèle, des divisions et des haines souvent irréconciliables.

## III.

Voici quelle était la situation financière de la commune, d'après l'inventaire qui en fut dressé, avant notre entrée à la Mairie, par M. Gaillard notre prédécesseur immédiat. Je m'exprimais en ces termes, dans le rapport que je fis au Conseil municipal pour la session de mai 1852 :

« La bienveillance avec laquelle vous avez secondé notre admi-
« nistration, nous impose le devoir de vous exposer, avec toute la
« netteté possible, et les opérations que nous avons faites, pendant
« l'exercice qui vient de se terminer, et les projets que nous comptons
« vous soumettre dans l'avenir.

« Lorsque nous avons été appelé par les circonstances à la tête de
« l'administration municipale, nous étions loin de nous attendre à tant
« d'honneur : aussi, nous a-t-il fallu la certitude de voir nos efforts
« encouragés par vos conseils éclairés, pour nous faire accepter une
« tâche et une responsabilité bien lourdes pour de plus forts et de
« plus expérimentés que nous.

« Les jours d'inquiétude que nous avons traversés ont laissé
« de tristes souvenirs dans les finances de la commune. Notre collége
« auquel, Messieurs, vous avez donné tant de preuves de sympathie,
« en moins de quatre années, a coûté à la commune plus de
« 63,000 francs; néanmoins, malgré l'embarras des finances muni-
« cipales, nous n'avons pas hésité à répondre à l'appel qui était fait
« à notre dévouement.

« Aujourd'hui, après une année d'administration, si nous n'avons
« pas atteint complètement le but de nos efforts, nous sommes certain,
« Messieurs, que votre justice nous rendra témoignage que si de plus

« habiles, de plus expérimentés pouvaient administrer la commune,
« notre zèle, notre envie de faire le bien doivent gagner en notre
« faveur votre indulgence.

« Avant d'examiner les opérations qui ont été faites pendant
« l'année 1851, nous devons, Messieurs, vous rappeler quelle était la
« situation financière de la commune, lorsque nous sommes entré
« à la Mairie.

« Vous vous rappelez tous le rapport qui vous fut présenté, dans
« la séance du 14 mars, par l'honorable M. Gaillard, maire pro-
« visoire.

« Vous vous souvenez qu'il restait dû, sur l'exercice 1850, une
« somme de plus de 9,986 francs, et que si on n'avait pas alors pris
« des mesures promptes, il aurait été impossible de payer les traite-
« ments des professeurs du collége, échus à la fin d'avril 1851.

« La commune devait, en outre :

« A M^me Furgaud, pour le cimetière................  3,000^f  »
« Aussi, à M^me Furgaud, pour le chemin n° 14.......    975   »
« Sur l'emprunt de 5,000 francs, fait en 1847........  2,000   »
« Pour indemnité pour le chemin de Maindigour .....  4,000   »
« Pour indemnité pour le chemin d'Anzème.........    531   »
« A M. Chybois, architecte.....................    907  50
« Pour indemnité pour la rectification du chemin n° 2,
« de Guéret à Laurières......................... 5,500   »

« De plus, il était facile de prévoir un déficit énorme sur le
« budget de l'exercice courant : on l'évaluait au chiffre probable de
« 23,662 fr. 85 c. Grâce aux économies que nous avons pu faire
« dans les dépenses du dernier exercice, ce déficit ne s'est élevé qu'à
« 21,933 fr. 09 c.

« Plus tard, il fut démontré que le chiffre de 9,986 francs ne re-
« présentait pas tout ce qui était dû sur l'exercice 1850, ou sur les
« exercices antérieurs, et, par suite des réclamations de certains
« créanciers, on vit s'augmenter la dette de la commune de
« 1,760 fr. 79 c., ce qui élevait le chiffre de la dette, pour laquelle
« il fallait créer des ressources immédiates, à 50,594 fr. 12 c.; la
« commune devait, en outre, à l'hospice une somme de 15,000 fr.
« ce qui portait le chiffre minimum de sa dette à 65,594 fr. 12 c.

« Au 14 mars, un mois avant que nous fussions appelé au poste
« que nous avons l'honneur d'occuper, il était constaté que le chiffre
« des dettes de la commune dépassait de beaucoup le montant des
« revenus ordinaires de notre budget.

« Malgré l'embarras de cette situation, nous n'avons pas refusé la
« tâche qui nous était confiée.

« Dans l'avenir, nous entrevoyons la possibilité de rétablir les
« finances de la commune, et nous avons, à cette pensée, consacrée
« tout ce que nous avons de zèle et de force. Heureux si nous pouvons
« atteindre le but que nous nous proposons! »

Ainsi, — lors de notre entrée à la Mairie, la dette municipale
s'élevait à 65,594 fr. 12 c.

Ce n'était pas la seule difficulté qui se présentait aux débuts de
notre administration.

Avec autant d'instance, que d'unanimité, on réclamait du Conseil
municipal la prompte exécution de travaux, sollicités depuis longues
années par l'utilité publique.

— Le pavage de la ville était des plus défectueux ;

— L'éclairage était très-incomplet ;

— De nombreux quartiers manquaient de fontaines ;

— L'hygiène publique sollicitait la construction d'un abattoir ;

— L'hospice menaçait ruine ;

— Les bâtiments de l'Hôtel-de-Ville devaient être réparés et
agrandis ;

— Il fallait songer à créer les ressources nécessaires pour la reconstruction de notre vieille église et des bâtiments de notre collége.

D'un côté, 65,594 fr. 12 c. de dettes ;

De l'autre, plus de 500,000 francs de travaux à exécuter.

Une imposition extraordinaire se présentait, tout d'abord, comme
l'un des moyens de réaliser une faible partie des ressources nécessaires. Le Conseil municipal était peu sympathique à ce moyen, et ce
n'était pas sans de très-légitimes motifs : les centimes additionnels

produisent peu de ressources, et ils frappent l'impôt foncier et l'impôt des patentes lourdement, alors qu'ils laissent sans charges appréciables tous les autres contribuables. Nous formâmes, dès lors, la résolution de ne pas recourir à ce moyen pour faire face à nos obligations. — Nous avons quitté l'administration de la commune de Guéret sans avoir surchargé les contribuables d'aucune imposition extraordinaire. Heureux contraste de la ville chef-lieu avec la plupart des communes du département ! Plus des deux tiers des communes de la Creuse sont grevées jusqu'au maximum de leurs centimes. Plus favorisée, la commune de Guéret ne paie aucun centime extraordinaire. — Les administrateurs ne devraient jamais oublier cette parole de M. de Richemont, rapporteur d'une des lois budgétaires : *Que de contribuables se forment une opinion politique sur la cote de leurs impôts.*

Un autre moyen de satisfaire à une partie de nos obligations s'offrait à nous, mais, proposé à diverses reprises par nos prédécesseurs, il avait toujours été repoussé par l'administration supérieure.

M. Bonnyaud avait légué à la ville, en sus des capitaux, — qui avaient été employés à la construction de la salle de spectacle, — trois domaines produisant ensemble 3,400 francs, et estimés 120,000 francs environ. C'était une ressource importante, bien que très-insuffisante pour tout ce que nous devions solder. Les administrations précédentes avaient voulu déjà aliéner ces domaines, mais leurs démarches n'avaient pu réussir. L'exécuteur testamentaire de M. Bonnyaud pensait que les termes du testament imposaient à la ville l'obligation de conserver les biens légués. Nous examinâmes, avec le plus grand désir de respecter les volontés du bienfaiteur de la ville, l'expression de ses dernières dispositions, et nous ne pûmes y trouver qu'une seule pensée très-nettement formulée : le vœu de perpétuer le souvenir de Laure, sa fille chérie, morte à la fleur de l'âge. Toutes les dispositions du testament convergeaient vers ce pieux désir ; nous ne trouvions exprimée, ni directement ni indirectement, la volonté de frapper d'inaliénabilité les biens donnés.

Le Conseil municipal reconnaissant que les biens étaient d'un entretien coûteux, et qu'ils perdaient chaque jour de leur valeur, décida que des démarches seraient entreprises pour obtenir l'autorisation de les mettre en vente ; mais, songeant, avant tout, à respecter le vœu du bienfaiteur de la ville, il arrêta que, pour conserver la mémoire de la fille de M. Bonnyaud, le nom de Laure serait donné à l'hospice qui allait être édifié, et à une rue qui devait être ouverte.

Nous eûmes, pour ramener à exécution la délibération du Conseil municipal, à soutenir de nombreuses contestations. L'exécuteur testamentaire de M. Bonnyaud nous força à comparaître devant tous les degrés de juridiction. Après de longs débats, nous fûmes assez heureux pour faire reconnaître souverainement les droits de la ville.

Dans les exercices suivants :

| | | |
|---|---|---|
| Le domaine de Laure-Lardillier fut vendu......... | 58,779 | » |
|    —        Laure-Longechaud  — ......... | 30,500 | » |
|    —        Laure-Chermintoux — ......... | 32,600 | » |
| Produit total des biens Bonnyaud............... | 121,879 | » |
| La dette de la commune étant de............... | 65,594 | 12 |
| C'était un excédant de...................... | 50,281 | 88 |

qui pouvait être consacré aux travaux d'utilité publique que nous avons énumérés ; — de l'aveu de tous, nous avions là une ressource bien peu élevée, pour les améliorations que nous devions réaliser.

Nous ne voulions pas d'une imposition extraordinaire ; nous désirions ne pas augmenter d'une façon notable nos tarifs d'octroi, bien qu'ils fussent peu élevés comparativement aux tarifs des villes d'une importance égale à la nôtre (1). Nous dûmes en premier lieu, chercher à rétablir l'équilibre du budget, afin de trouver, par la réduction de certaines dépenses, sur les recettes ordinaires, un excédant à employer aux dépenses extraordinaires qu'il nous fallait effectuer.

« Quelque habiles, quelque dévouées qu'aient été les adminis-

(1) De 1851 à 1854 l'octroi n'a augmenté que de 4,500 francs à 5,000 francs environ. En 1851 il produisait 28,702,83 ; dans l'année 1860, qui peut être prise comme une année moyenne, il produisit 33,557,51. — Les modifications que nous avons apportées dans cet intervalle de temps à nos tarifs sont plutôt des régularisations de taxes, que des augmentations. L'élévation des recettes provient de l'accroissement dans la consommation et surtout d'une plus grande surveillance dans le service.

« trations municipales qui nous ont précédé depuis 1848, » disions-
nous dans un rapport dont nous avons cité déjà un extrait, « pou-
« vaient-elles empêcher un déficit de se produire en présence des
« difficultés créées par le collége. »

L'administration du collége par régie, telle était la principale cause
de notre dette ; il fallait porter un prompt remède à cet état de choses.

Si nous n'avions pas eu besoin de l'approbation de l'Université
pour confier à forfait l'administration de notre collége à un principal,
nous aurions pu, peut-être, résoudre plus facilement le problème qui
nous était posé ; mais M. le Recteur de l'Académie de Clermont ne
se montrait pas favorable, par diverses considérations, aux candidats
qui se présentaient, et il nous fallut quelque temps encore, continuer
la régie.

De 1851 à 1854 le collége nous coûta 62,362 fr. 05 c., soit
15,590 fr. 51 c. par an. Il était nécessaire de mettre un terme à une
dépense qui dépassait de beaucoup nos ressources.

En 1855, le Conseil, sur la proposition de l'Université, confia la
direction du collége à M. Doin avec une subvention annuelle de
5,000 francs d'abord, et peu de temps après de 6,800 francs. Toujours préoccupé de ce qui pouvait assurer la prospérité de l'établissement d'instruction secondaire, ouvert dans la ville de Guéret, le
Conseil municipal consentit, dans les dernières années, en raison de
l'élévation du prix de toutes choses, et pour maintenir un professeur
par chaque classe, à porter à 10,000 francs la subvention annuelle
payée à M. le Principal. Ces sacrifices produisirent d'heureux résultats : jamais le collége ne fut plus florissant et ne remporta de plus
grands succès, que dans les deux dernières années scolaires 1862-
1863, 1863-1864 (1).

Notre budget débarrassé de la charge si lourde des dépenses de
l'administration en régie du collége, — dépenses qu'il était, chaque
année, impossible de prévoir exactement, — nous permit de disposer
d'une partie de nos ressources ordinaires, et de songer, dès lors, à la
prompte exécution de nos projets.

(1) A la fin de l'année scolaire 1863-1864 sur six élèves présentés par le
collége aux examens du baccalauréat, six élèves ont été reçus bacheliers ; la

, Voici le tableau que M. Lasnier, l'un de nos prédécesseurs à la mairie, traçait de l'hospice :

« La première chose dont le nouveau Conseil doive s'occuper est
« peut-être l'hôpital de Guéret. Quiconque a visité le vaste ossuaire,
« que nous possédons actuellement, en est sorti le cœur navré ; les
« salles, où l'on entasse pêle-mêle les malades : les enfants avec les
« adultes, ces derniers avec les vieillards, sont des espèces de tom-
« beaux, où le soleil ne pénètre jamais, qui ne sont éclairées que
« par des lucarnes, sans courants et sans ventilation. »

« La salle des bains est séparée du corps principal du bâtiment
« par une cour humide et froide, qu'il faut traverser pour prendre
« son bain, qu'il faut traverser au retour, au risque de tous les in-
« convénients qui peuvent en résulter pour la santé des malades.

« La salle, dite des morts, est un poulailler.

« Tout est donc à refaire, ou, plutôt, tout est à détruire pour
« refaire beaucoup mieux. »

Il était urgent de rechercher les moyens de faire face aux dépenses de reconstruction de cet établissement. — La vente d'un pré, — l'aliénation d'un capital de rente, — le remboursement d'une somme due par la commune à l'hospice, — un secours du Gouvernement, — nous donnèrent la possibilité de ramener à exécution l'un des vœux exprimé par nos concitoyens.

même année le collége obtenait au concours Académique un premier accessit de Dissertation française en Philosophie, et un accessit d'Histoire en
Rhétorique.

Le tableau suivant achève de démontrer que dans les années scolaires
1862-1863, 1863-1864, le collége avait atteint une grande prospérité :

|  | Externes. | Internes | Total. |
|---|---|---|---|
| 1854-1855 | 44 | 47 | 91 |
| 1855-1856 | 53 | 57 | 110 |
| 1856-1857 | 70 | 67 | 137 |
| 1857-1858 | 70 | 69 | 139 |
| 1858-1859 | 59 | 59 | 118 |
| 1859-1860 | 62 | 60 | 122 |
| 1860-1861 | 70 | 62 | 134 |
| 1861-1862 | 67 | 65 | 132 |
| 1862-1863 | 66 | 87 | 153 |
| 1863-1864 | 76 | 70 | 146 |

Lorsque les ressources furent réalisées, de graves objections furent soulevées sur le choix de l'emplacement, par plusieurs médecins, dont nous devions avoir l'opinion en grande considération.

Le terrain désigné appartenait à la commune. Il aurait fallu trouver de nouvelles ressources, si l'acquisition d'un autre emplacement eût été jugée nécessaire ; c'était là une sérieuse difficulté, mais avant tout nous ne pouvions songer à édifier les bâtiments du nouvel hospice sur un terrain, qui n'aurait pas réuni toutes les conditions désirées par l'hygiène. — Plusieurs autres médecins de notre cité exprimaient, il est vrai, avec la force et l'autorité de leurs positions médicales, une opinion opposée à celle de leurs collègues, et affirmaient que les bâtiments de l'hospice ne pouvaient être mieux placés que sur l'emplacement indiqué par l'administration. Pour trancher cette dissidence, il fut convenu que nous ferions venir M. le docteur Becquerel, membre de l'Académie de médecine et de la commission supérieure d'hygiène publique, et que nous suivrions son avis. — M. le docteur Becquerel vint à Guéret, examina les emplacements proposés, et dans un rapport, savamment motivé, exprima l'avis que le terrain, sur lequel nous comptions édifier l'hospice, réunissait toutes les conditions que l'on pouvait désirer au nom de l'hygiène. MM. les docteurs Tolozan et Piétra-Santa, médecin par quartier de l'Empereur, adhérèrent au rapport de M. le docteur Becquerel. Rien ne pouvait donc plus retarder la réalisation de nos projets ; l'exécution des travaux fut mise immédiatement en adjudication. Les dépenses de construction et d'installation de l'hospice se sont élevées à 169,640 fr. 37 c.

En plaçant nos malades dans un établissement aéré, spacieux, confortable, nous avons eu, en outre, la possibilité de renouveler les démarches, qui avaient été faites précédemment auprès de S. Exc. M. le Ministre de la guerre, pour obtenir l'augmentation de notre garnison ; la cession à l'État des vieux bâtiments de l'hospice, en permettant l'agrandissement de la caserne des Augustins, a assuré à notre ville les avantages d'une garnison importante.

Depuis longues années on réclamait l'ouverture de l'impasse Maubey ; des souscriptions importantes offraient de couvrir la plus grande partie de la dépense ; la salubrité publique exigeait la suppression de ce cloaque : les formalités de l'expropriation furent activement poussées, et la rue fut bientôt livrée à la circulation.

Quelque temps après, le Conseil municipal fit opérer l'ouverture et le nivellement de la rue du Dépôt ; — puis l'élargissement de la rue de la Gendarmerie.

Dans la dernière année de notre administration, nos ressources nous ont heureusement permis d'exécuter un projet que nous avions formé depuis longtemps. L'avenue Napoléon a été ouverte, et nous avons pu, ainsi, créer, entre nos principales places et le champ-de-foire, une magnifique voie de communication, qui complète agréablement les promenades de la cité.

Les administrations qui avaient précédé la nôtre, avaient fait commencer un grand aqueduc dans la direction de la rue du Prat ; cet aqueduc fut terminé, et le Conseil municipal, sur nos propositions, décida successivement la construction des aqueducs du boulevard Saint-Pardoux, du boulevard Chénevert, et enfin celle de l'aqueduc qui, partant de la place de la Préfecture, traverse toute la ville pour rejeter ses immondices dans la vallée de Maindigour.

Il fallait réaliser ces diverses améliorations avant de penser au renouvellement de notre pavage.

Il était aussi un double projet dont l'exécution devait précéder la réfection de nos pavés : je veux parler des canalisations nécessaires aux conduites de gaz et à l'alimentation de nos fontaines.

Après d'actives démarches, nous parvînmes à contracter avec MM. Picard et Goelzer un traité, qui permet à la ville de Guéret de jouir d'un mode d'éclairage que des villes plus considérables peuvent lui envier. Guéret a été, dans le département, la première ville éclairée au gaz. A la suite d'embarras financiers, la société qui avait été fondée pour l'exploitation du traité, passé entre la ville et MM. Goelzer et Picard, a dû abandonner à l'un de ses créanciers les prérogatives et les charges résultant de ce traité. Par les substitutions qui se sont opérées, la ville a vu augmenter encore ses garanties, et elle est sûre de jouir à jamais d'un éclairage que possèdent très-peu de villes n'offrant pas plus de ressources par leur commerce ou leur industrie.

Plusieurs quartiers manquaient de fontaines; il fallait donner satisfaction à de justes réclamations, et pourtant nous ne pouvions faire une dépense bien importante.

Le Conseil approuva l'exécution d'un projet qui répondait à tous les intérêts. Les sources du versant nord et nord-est de Grand-Cher furent recherchées et utilisées; les conduites de toutes nos fontaines furent mises en communication avec le Rio-Clédoux, ruisseau qui pourrait satisfaire à tous nos besoins. Il aurait été nécessaire de refaire, en même temps, la conduite qui mène ce ruisseau dans notre ville, mais l'état de nos ressources nous força de laisser à l'avenir le soin de réaliser cette amélioration. Avec les ressources que le Conseil mit à notre disposition par un emprunt de 20,000 francs, il nous fut possible, après avoir réparé et complété toutes les conduites, de doter les principaux quartiers de sept nouvelles fontaines.

« Nos fontaines ont été achevées, — disions-nous dans le rapport
« présenté au Conseil municipal, — suivant le projet que vous aviez
« approuvé. Vous vous rappelez, toutefois, que la conduite du Rio-
« Clédoux n'a pas pu être comprise dans le projet qui a été exécuté.
« Il sera nécessaire, tous les ans, d'affecter des ressources à la
« construction de cette conduite, afin d'augmenter le volume d'eau
« des diverses fontaines. Aujourd'hui, chaque quartier est doté de
« fontaines; mais, à certaines époques de l'année, les sources qui les
« alimentent deviennent un peu faibles. Le système général de conduite
« a été étudié de façon à ce qu'on puisse, lorsque la conduite du Rio-
« Clédoux sera complètement refaite, augmenter ou diminuer à vo-
« lonté le débit de chaque fontaine. »

L'année 1854 devait nous apporter de très-réels embarras administratifs.

Le renchérissement de toutes les denrées alimentaires, — l'élévation subite du prix du pain, allaient nous causer de réelles difficultés.

Le Conseil municipal et le concours empressé de nos concitoyens nous donnèrent tous les moyens de traverser heureusement cette crise.

Le Conseil municipal m'invita à créer plusieurs chantiers pour employer les bras sans ouvrage; la place Bonnyaud fut nivelée et macadamisée ; l'ancien cimetière transformé en champ de foire par des travaux importants de terrassements.

En même temps, la générosité de nos concitoyens créait, par des souscriptions individuelles de 250 francs, les ressources nécessaires pour l'achat de vastes approvisionnements et la livraison de blés à prix réduits. Les achats, en raison même de l'opération, furent effectués, au moment où les prix étaient en hausse, et l'on revendait à prix moins élevés : tous comprenaient qu'il ne s'agissait pas d'actes de commerce à faire, — mais bien d'actes de bienfaisance et d'assistance à accomplir. — Les sacrifices que nous avions dû nous imposer pour livrer le blé à bas prix ; — une baisse, qui survint subitement dans les cours, nous firent craindre, un instant, qu'une partie notable du capital souscrit ne fût absorbé. Grâce à l'intelligence et au dévouement de la commission, placée par les souscripteurs à la tête de l'opération, chaque action de 250 francs ne fut dépréciée que de 49 francs environ ; ainsi pour ce faible sacrifice, chaque souscripteur eut la satisfaction d'avoir contribué à amortir les conséquences d'une crise que tous redoutaient.

Aucun de nos concitoyens n'a oublié l'état déplorable dans lequel se trouvait le pavage de nos rues.

On avait toujours reculé devant cette amélioration par deux raisons : d'une part, l'on redoutait le chiffre élevé des travaux à entreprendre ; de l'autre, on craignait d'imposer aux propriétaires riverains de la voie publique une charge trop lourde, en leur faisant supporter, comme la loi en donnait le droit, la totalité de la dépense.

Le Conseil municipal s'arrêta à une solution qui répondait à toutes les exigences, en n'imposant pas aux particuliers des sacrifices trop élevés, et en ne demandant pas au budget municipal des allocations supérieures à ses ressources.

Après une longue étude, dans laquelle la question fut examinée sous toutes ses faces, le Conseil adopta, pour le pavage de notre ville, un système mixte entre le pavage dit de blocage et le pavage dit d'échantillons ; ce système nous permit d'avoir, — au prix de 2 fr. 86 c. au lieu du prix de 7 ou 8 fr. — qu'il aurait été nécessaire de payer pour avoir des pavés de forme cubique, — un pavage d'un aspect agréable et d'une solidité très-suffisante.

En faisant, chaque année, avec soin, sur les fonds d'entretien, enlever et remplacer les pavés défectueux, relever les flaches, le pavage de la ville se maintiendra dans des conditions excellentes. On peut dire, aujourd'hui qu'il a fait ses preuves ; il existe depuis plus de dix ans, dans bien des endroits il a été fouillé pour divers travaux, et pourtant il est généralement en bon état.

Afin d'alléger, autant que les finances municipales le permettaient, la part que les contribuables devaient supporter dans la dépense, le Conseil décida que les propriétaires seraient affranchis de l'établissement des trottoirs, et qu'ils ne payeraient la construction du pavage que sur une largeur de trois mètres au-devant de leurs maisons. Pour faciliter en outre la perception et la taxe de pavage, il fut arrêté qu'elle ne serait perçue qu'en trois annuités.

Ces diverses dispositions diminuèrent les charges locales ; ainsi pûmes-nous réaliser une mesure, devant laquelle on avait toujours reculé, sans rencontrer les difficultés auxquelles il était sage de s'attendre.

La dépense totale du pavage s'est élevée à......... 56,628 12

Sur cette dépense les particuliers ont payé........ 22,726 36

Le budget municipal a soldé.................... 33,901 76

En 1840, on avait inutilement tenté de créer une société pour la construction d'un abattoir. La création de cet établissement était par tous ardemment désirée. Les retards que dut éprouver la vente de la partie des biens Bonnyaud dont le produit fut affecté à cette construction, nous empêchèrent de réaliser ce projet aussitôt que nous l'aurions voulu.

Aujourd'hui, notre ville est affranchie des émanations malsaines que répandaient les abattoirs particuliers ; les bouchers ne sont plus dans l'obligation de rechercher, à des prix élevés, les locaux spacieux dont ils avaient besoin pour l'exercice de leur profession : moyennant une rétribution modérée, représentative des loyers qu'ils payaient, ils trouvent à l'abattoir l'espace, l'eau en abondance, tout ce qui leur est utile pour la préparation, dans de bonnes conditions, de la viande qui doit être livrée à la consommation.

Tous les biens Bonnyaud rapportaient 3,400 fr. ; l'abattoir,

soul, donnera à la ville un revenu supérieur à 4,600 fr.; — l'hygiène publique, — le commerce de la boucherie, — et les finances de la commune ont trouvé les avantages qu'ils attendaient de cette construction.

Je ne veux pas énumérer en détail tous les travaux que, d'après les votes du Conseil municipal, nous avons fait exécuter, — mais je dois rappeler que des lavoirs ont été créés, — que l'hôtel-de-ville, si insuffisant, a été agrandi et réparé de façon à assurer convenablement tous les services.

Ce qu'il importe de ne pas oublier, et, ce que nous ne rappelons pas sans un légitime orgueil, c'est que, pendant les quatorze années de notre administration, nous avons fait exécuter pour plus de 350,000 francs de travaux neufs, et cela sans recourir à aucune imposition extraordinaire.

## IV.

J'ai dû donner la première place aux chiffres; ils résument une situation, — montrent le point de départ, et font ressortir nettement un résultat acquis. Mais les chiffres ne font pas tout connaître; il est des résultats que les chiffres ne peuvent indiquer.

Dès notre entrée à la mairie, nous avons appelé la sollicitude du Conseil municipal sur l'utilité d'ouvrir une salle d'asile. Nous n'avions besoin que de montrer les voies et moyens; l'esprit du Conseil le portait à adopter tout ce qui pouvait venir en aide aux classes laborieuses. Nous avons trouvé, pour la création de la salle d'asile, chez les Sœurs de la Croix le concours le plus empressé et le plus généreux; le dévouement, que ces dames apportent à toutes les œuvres utiles, leur a depuis longtemps donné des droits à la reconnaissance de la cité.

Les Frères de la doctrine chrétienne, dont les services sont si appréciés par toutes les classes de la population, étaient logés gratuitement dans une maison qui appartenait à M. Pic, curé de Guéret. À la mort du vénéré pasteur, les Frères furent obligés de quitter la maison qu'ils occupaient, et, par manque de ressources pour se procurer un autre local, ils étaient sur le point de nous quitter, à la grande contrariété des pères de famille. La commune était dans l'impossibilité, en ce moment, d'acheter ou de faire construire une maison d'école. Nous eûmes confiance en la bonne volonté de nos concitoyens, et, sans hésiter, M. le Curé et moi, nous fîmes appel à leur concours pour prêter à la commune, dans des conditions de remboursement particulier, la somme nécessaire pour l'achat d'une maison. Notre appel fut entendu, et des personnes charitables consentirent à rendre possible cette acquisition, en donnant à la commune toutes les facilités pour le remboursement du capital avancé.

D'après les décisions du Conseil municipal, les enfants étaient reçus gratuitement à l'école; après notre retraite de l'administration municipale, une rétribution scolaire fut, un instant, établie, mais, sur la proposition de notre successeur, le Conseil actuel s'est empressé de revenir à la gratuité. Il n'est pas, en effet, de dépenses plus utiles que celles par lesquelles on augmente les moyens d'instruction.

Le décret de 1852 sur les Sociétés de secours mutuels était une lettre-morte, à Guéret. La dissémination de nos ouvriers qui travaillent épars, — l'absence des liens qui, dans une ville d'industries, se créent entre membres d'une même fabrique, — offraient de nombreuses difficultés à la création d'une Société de secours. Secondé par des personnes dévouées, — par des ouvriers intelligents, — je me mis à l'œuvre et je fus assez heureux pour réussir au-delà de mes espérances. — Quand j'ai quitté la présidence de la Société, qui m'avait été confiée par un décret impérial, les difficultés de l'organisation étaient aplanies et la Société possédait en caisse une réserve de 6,832 fr. 77 c.

Savoir : à la caisse d'épargnes..... ............. 3,654 03
à la caisse des retraites...... ............ 2,392 74
en caisse, ou à recouvrer...... ......... 780 »

Total............. 6,832 77

Si, dans le cours de ma présidence, qui a duré sept ans, j'ai pu par mes constants efforts réaliser un peu de bien, j'en ai été largement récompensé par la délibération dans laquelle, au nom de la Société, le Bureau m'exprimait, en octobre 1863, sa reconnaissance. — Au mois d'août suivant, je fus révoqué de mes fonctions de président, malgré ces marques de sympathies ; — peu de jours après les sociétaires me nommèrent vice-président à la presque unanimité de leurs suffrages ; cette année, ils m'ont renommé à l'unanimité, moins une voix.

Que dirai-je de nos projets de reconstruction d'une église, — de l'érection de notre collége en lycée, — de l'avenir de notre cité, en un mot, qui était le but de notre constante préoccupation ?

Que l'on me permette de transcrire ici une partie de la lettre que j'adressais, le 14 février 1863, à M. le Curé de Guéret, pour appeler son attention sur les mesures qui me paraissent, seules, assurer la création des ressources nécessaires pour la reconstruction de l'église ; — que l'on me permette aussi de citer quelques passages du rapport que je présentais au Conseil municipal, à la veille de la session que ma révocation m'a empêché de présider.

Voilà les extraits de la lettre que j'écrivais à M. le Curé :

. . . . . . . . . . . . . . . . . . . . . . . . .

« Il est certain que la construction d'une église doit préoccuper dans
« le présent les diverses administrations locales. Le temps, en dégra-
« dant notre vieille église, nous forcera lui-même un jour de cher-
« cher les ressources nécessaires pour la construction d'un nouvel
« édifice religieux, ou pour la réparation de l'église actuelle.
« . . . . . . . Ne nous faisons pas illusion ; si les ressources
« municipales peuvent permettre d'accorder une allocation pour la
« construction d'une église, à elles seules, jamais elles ne donneront
« la possibilité de résoudre entièrement le problème.
« . . . . . . . Il y a quelques années vous fîtes, M. le Curé,
« une quête pour obtenir des ressources pour faire réparer et agran-
« dir notre église ; à votre appel près de 30,000 francs furent offerts.
« . . . . . . . Si sur ces 30,000 francs promis, 10,000
« francs seulement vous eussent été donnés, et si ces 10,000 francs
« avaient été placés, alors en rente, sur l'État, aujourd'hui ce capital
« se serait accru par la seule capitalisation des intérêts. De quinze
« années en quinze années, il se serait doublé. En ne supposant
« aucun autre don pour faciliter la construction d'une église, —

« aucune autre quête fructueusement faite, — on peut admettre qu'il
« serait arrivé un temps où ce capital, grossi chaque année de ses
« intérêts, serait devenu par lui-même suffisant pour contribuer utile-
« ment à la construction d'une église.

« Voilà l'idée qu'il faut mettre à exécution, et par laquelle, dans
« un temps donné, il me semble, on fournira à l'avenir d'importantes
« ressources.

« . . . . . . . Je reconnais que la mise à exécution de
« cette idée soulève de très-réelles difficultés ; elles ne sont pas heu-
« reusement sans solutions.

« Il faut prendre toutes précautions pour assurer la perpétuité
« aux dispositions qui seront arrêtées ;

« Il faut que les intérêts du fonds qui sera constitué, viennent obli-
« gatoirement, chaque trimestre, grossir le capital ;

« Il faut, enfin, offrir aux donateurs, qui feront des sacrifices,
« toutes garanties que leurs fonds ne pourront, en aucune manière,
« être détournés de leur destination, et qu'ils serviront à la construc-
« tion d'une église.

« . . . . . . . Les uns diront que le moyen proposé per-
« mettra bien difficilement de former le capital nécessaire pour la
« construction d'une église ; — Qu'on indique un moyen plus pra-
« tique ! — Sans doute il vaudrait mieux que la commune ou l'État
« pussent faire face complètement à la dépense ; — il faut reconnaître
« que l'on ne peut l'espérer. — Mais est-ce que la formation immé-
« diate d'un petit capital, quelque petit qu'il soit, s'augmentant cha-
« que année par ses intérêts, n'est point un premier pas vers le but
« que l'on veut atteindre. Si en 1840, M. le curé Pic, sur les 25,000
« francs qu'il réalisa alors, avait placé 10,000 francs en rente sur
« l'État, aujourd'hui on aurait par la capitalisation une ressource
« de près de 25,000 francs, qui, dans quinze ans, se serait elle-même
« doublée. Du reste la mise à exécution de l'idée que nous pro-
« posons n'écarte aucun des autres moyens qui peuvent être indiqués ;
« ne laisse-t-elle pas à l'avenir la possibilité d'obtenir une loterie ?
« N'assure-t-elle pas même à l'œuvre un concours plus efficace de
« la commune et de l'État ? Si aujourd'hui la fabrique pouvait dis-
« poser pour la construction d'une église d'une somme importante,

« la commune et l'État lui viendraient en aide bien plus facilement.

« — Commençons donc, l'avenir fera le reste.

« D'autres personnes émettront la crainte que le capital à peine
« formé ne soit affecté à des destinations étrangères à celles qui lui
« auront été attribuées par les donateurs.

« Je reconnais que sur ce point il faut donner toutes les garanties,
« pour que l'avenir ne justifie pas cette objection. D'abord, il devra
« être bien entendu que les quêtes et collectes seront employées en
« achats de rentes sur l'État, avec la destination bien exprimée de
« servir, capital et intérêts, à la construction d'une église. Quant aux
« donations, l'objection est moins sérieuse, car le décret impérial qui
« autorisera la fabrique à les recevoir, en imposant la condition émise
« par les donateurs, frappera d'indisponibilité le capital.

« Afin que tous soient bien certains que non seulement les sommes
« données seront employées en achat de rentes, mais encore que les
« intérêts viendront augmenter le capital, je crois qu'il convient
« d'adopter de rigoureuses dispositions.

« De toutes les garanties, la meilleure est la publicité des opéra-
« tions ; c'est par la publicité que l'on fera comprendre à tous l'utilité
« des mesures adoptées ; c'est par la publicité que l'on verra chaque
« semestre le capital se grossir de nouvelles donations, du produit des
« quêtes, et enfin des intérêts ; c'est par la publicité que l'on appellera
« l'attention et l'intérêt de tous. On ne saurait trouver trop de moyens
« d'appeler l'attention publique sur l'œuvre que nous voulons fonder.
« La publication des comptes sera une chose indispensable. Dans ma
« pensée, on devrait constituer une commission spéciale pour l'exa-
« men, chaque trimestre, des comptes ; cette commission serait com-
« posée du maire, du président du tribunal, du curé, des deux
« membres du Conseil les premiers élus. Il faut que tous s'intéressent
« à la formation et à la progression du capital que nous voulons
« former.

. . . . . . . . . . . . . . . . . . . . . . . . . . . .

« Je ne sais trop, M. le Curé, si nous serons assez heureux pour
« voir former rapidement le capital qui servira à la construction d'une
« église, mais ce que j'affirme c'est que le jour où l'on aura décidé
« qu'une première somme de 10,000 francs sera employée en acqui-
« sition de rentes, avec cette stipulation que les intérêts de cette
« somme et des capitaux qui pourront être ainsi formés seront capi-

« talisés, jusqu'à la formation de la somme nécessaire, nous aurons
« donné à nos successeurs des moyens de faire mieux que nous. »

Je suis, plus que jamais, convaincu que l'initiative privée réunira,
seule, la plus grande partie des ressources nécessaires à la construction d'une église; les encouragements de la commune et de l'État
pourront venir après, mais c'est l'initiative privée qui, au nom de la
religion, doit courageusement entreprendre cette œuvre.

Le conseil de fabrique, sur la proposition de M. le Curé, a adopté
la mesure que je signalais par ma lettre du 14 février 1863; une première somme importante, produit de quêtes et donations, a été placée
en rente sur l'État. Espérons que, par la charité de nos concitoyens,
les ressources destinées à la construction de notre église s'augmen-
teront promptement.

J'examinais, en ces termes, dans mon dernier rapport au Conseil
municipal la question du lycée, et recherchais, en même temps,
l'avenir qui peut s'ouvrir pour notre cité :

« De toutes les questions que vous pouvez être appelés à étudier,
« la question du collége est celle qui doit avoir le plus d'influence
« sur votre budget. Sous la date du 24 décembre dernier (1), j'ai
« transmis, à M. le Préfet de la Creuse votre délibération du 6 dé-
« cembre 1863, par laquelle vous avez approuvé les plans et devis
« rédigés par MM. Mashrenier et Lainé, pour la construction d'un
« lycée, et par laquelle vous sollicitez de S. Exc. M. le Ministre de
« l'instruction publique pour la réalisation de ce projet, une subven-
« tion de 100,000 francs. Je n'ai reçu encore aucune réponse. C'est
« pourtant au mois d'octobre 1865 qu'expire notre traité avec M. le
« Principal pour la gestion du collége. A cette époque, si Son

(1) 24 décembre 1863. — Pendant toute l'année 1864, il n'a rien été fait
pour la solution de cette importante question. Lorsqu'à la fin de 1865,
l'administration actuelle a demandé l'exécution des promesses faites par
M. Rouland, elle a rencontré des dispositions moins favorables. Est-ce
une raison de désespérer? Nous ne le pensons pas. Les motifs donnés à
M. le Maire par M. le Ministre, pour refuser actuellement d'accorder à la
ville de Guéret les facilités qui lui avaient été promises pour l'érection de
son collége en lycée, peuvent se modifier.

« Excellence n'a pu accorder à nos démarches l'érection de notre
« collége en lycée, il nous faudra examiner très-sérieusement la
« question de savoir si nous n'aurions pas avantage à donner plus
« de développement dans notre collége à l'instruction professionnelle.
« Peut-être pourrions-nous, sans imposer à notre budget une dépense
« plus forte que celle que nous y inscrivons actuellement, créer une
« école professionnelle importante, et réserver, sur le crédit ouvert à
« notre budget, une somme pour créer des bourses dans certains
« lycées en faveur d'enfants qui auraient montré des aptitudes spé-
« ciales.

« Sans doute, il est très-désirable que nous obtenions un lycée,
« puisque dans cet établissement de premier ordre nous pourrions
« avoir aussi une école professionnelle. A tous les points de vue
« l'érection d'un lycée est ce que nous devons souhaiter, puisque,
« même au point de vue matériel, dans les conditions où nous solli-
« citons cette faveur, notre budget en ressentirait de réels avantages.
« Aujourd'ui, nous dépensons annuellement pour le collége 11,000
« francs ; la création d'un lycée nous imposera pour la construction
« de bâtiments convenables une dépense de 500,000 francs répartie
« ainsi : 205,000 francs à fournir par la commune ; 105,000 francs
« à fournir par le département (1) ; 100,000 francs par l'État. Les
« ressources municipales ne devant contribuer à la dépense totale que
« pour 205,000 francs, ce ne serait que 13,750 francs à inscrire
« annuellement au budget pour les intérêts de cette somme ; dans
« l'état actuel, le collége nous coûte annuellement 11,000 francs ;
« le lycée ne nous coûterait donc que 2,750 francs de plus que le
« collége. A coup sûr, les avantages matériels que la ville de Guéret
« ressentirait de la prospérité d'un établissement secondaire de pre-
« mier ordre, compenseraient suffisamment cette augmentation de
« charge pour le budget municipal.

« Mais, malgré tous ces avantages, il faut reconnaître que nous

(1) 80,000 francs votés par le Conseil général, à titre de subvention à la
ville de Guéret, pour l'érection d'un lycée ; 25,000 francs, offerts à la ville,
par le département, comme indemnité pour la cession des vieux bâtiments
du collége au ministère de la guerre. L'agrandissement de notre quartier
de cavalerie, et la construction de bâtiments pouvant permettre un jour
l'érection d'un lycée, — sont deux questions solidaires l'une de l'autre.

» nous sommes imposés tous les sacrifices que l'état de nos ressources
« nous permettait de nous imposer, et sans aller au-devant de la dé-
« cision qui vous serait inspirée par votre sagesse, je crois pouvoir
« dire que vous ne consentiriez pas à imposer à vos concitoyens des
« charges plus considérables. Il faut donc prévoir l'hypothèse, —
« qui ne se réalisera pas, je l'espère, — dans laquelle l'érection de
« notre collége en lycée souffrirait des difficultés ; dans cette hypo-
« thèse, je n'hésite pas à dire que vous devrez chercher une solution
« qui, tout en donnant satisfaction aux intérêts des enfants de nos
« concitoyens, développera dans la ville de Guéret des tendances in-
« dustrielles, sans lesquelles ne pourront se réaliser tous les bienfaits
« que nous devons attendre de l'ouverture de la ligne de fer. »

« Le chemin de fer qui va être livré au mois d'octobre prochain,
« ouvrira à la ville de Guéret et au département une ère nouvelle.
« Nous assisterons à une transformation des habitudes locales, et
« cette transformation ne peut qu'être avantageuse pour les inté-
« rêts de la ville de Guéret. Nul du reste ne peut prévoir exacte-
« ment l'influence de la voie ferrée sur l'avenir de notre ville. Ce
« qu'il y a de bien certain c'est que, sans cette voie nouvelle de com-
« munication, Guéret était voué à une grande diminution d'impor-
« tance; avec le chemin de fer nous avons la possibilité de gran-
« dir. »

« La première conséquence de la transformation qui s'opérera
« sera peut-être d'amoindrir le transit qui se faisait par Guéret pour
« mettre en communication les différentes parties du département
« avec le chemin de fer de Châteauroux à Limoges. Peut-être nos re-
« cettes d'octroi éprouveront-elles, à ce point de vue, un affaiblisse-
« ment; mais elles trouveront d'autres compensations. La facilité des
« transports en augmentant les relations amènera dans notre chef-
« lieu un mouvement qui compensera, nous l'espérons, le roulage
« qui diminuera. Nos foires dans lesquelles, non seulement du dé-
« partement, mais encore des départements voisins, il sera plus fa-
« cile d'arriver, prendront une plus grande importance. Nul n'ignore
« en effet, que la compagnie d'Orléans est dans l'usage d'abaisser ses
« tarifs pour faciliter l'arrivée aux foires et marchés des populations
« qui, avant l'ouverture des lignes de fer, ne peuvent, trop éloignées
« quelles sont, aller dans certains centres. »

« Sans doute la direction sur la Souterraine aurait donné plus com-
« plète satifaction à tous nos intérêts ; il n'a pas dépendu de nos
« vives démarches que la ligne s'inclinât moins au sud du départe-
« ment. Nous regrettons que la direction, que nous avons vivement
« défendue, n'ait pas été adoptée, mais nous avons néanmoins ac-
« cueilli avec une profonde reconnaissance le décret qui nous a ac-
« cordé un chemin de fer : si, au lieu de traverser Guéret, la voie fer-
« rée avait suivi une direction qui l'aurait éloignée de nous de plus de
« 20 kilom., nous étions à tout jamais condamné au *statu quo*. Ce
« n'est certes pas à dire pour cela que le chemin de fer à lui seul va
« accroître la richesse locale ; il ne sera pour nous qu'un moyen de
« développement, dont il nous faut savoir user. Espérons qu'il se
« trouvera au milieu de nous des hommes actifs, intelligents, qui
« voudront doter leur pays d'une industrie qui lui manque. Il y a
« pour ceux de nos concitoyens, qui sauront prendre la tête du mou-
« vement industriel, une place à conquérir qui leur assurera la consi-
« dération et la reconnaissance publiques.

« Pourquoi, dans la ville de Guéret, aujourd'hui que nous allons
« avoir de grandes facilités de transport, ne se créerait-il pas une fi-
« lature, une fabrique de porcelaine ou des tanneries? Les cotons
« pourraient être rendus à Guéret à des prix tout aussi avantageux
« que ceux que doivent subir les filatures de l'Alsace, du Nord ou de
« la Normandie. Une fabrique de cotonnade, placée au centre de la
« France, trouverait un écoulement facile pour ses produits. Ajoutons
« que les ouvriers d'Aubusson, occupés à un genre analogue de tra-
« vail, assureraient le recrutement facile du personnel d'une fila-
« ture. — Une fabrique de porcelaine pourrait être créée à Guéret
« dans de bonnes conditions ; n'avons-nous pas le bois en abondance
« et la houille tout près de nous? Quant au kaolin, le chemin de
« fer nous en apporterait à des prix réduits de transport. — Un jour,
« la chute d'eau de Courtilles sera utilisée ; les charbons d'Ahun as-
« surent aux industries qui pourraient être fondées à Guéret une ali-
« mentation trop facile, pour que nous ne voyons pas se réaliser le
« vœu que vous avez précédemment formé. Je me rappelle qu'en 1857,
« par votre délibération du 11 mai, vous offriez à M. Sallandrouze de
« Lamornaix une subvention importante pour l'engager à venir fonder
« dans notre ville une filature. Des raisons toutes spéciales, seules,
« empêchèrent M. Sallandrouze d'accepter vos offres. »

« Jo sais quo vous ôtes toujours animés des mêmes désirs et que
« vous saisirez toutes les occasions de favoriser la création d'une in-
« dustrie à Guérot; secondée par vous, l'administration municipale
« fera tous ses efforts pour développer des tendances industrielles.
« Les cités, comme les individus, doivent chercher à progresser. »

Tel était le langage que je croyais pouvoir adresser au Conseil municipal, qui quelques jours après, devait, comme moi, quitter l'administration do la cité.

Le Conseil municipal actuel, présidé par notre honorable successeur, examinera toutes ces questions avec le dévouement qui l'anime;
il leur donnera les solutions que l'intérêt communal peut désirer.

## V.

Les actes de notre administration peuvent ainsi se résumer :

En 1850, lors de notre arrivée à la mairie, la commune devait.................................... 65,594   12

Le produit des biens Bonnyaud s'est élevé à...... 121,879   »

Il n'est resté disponible, les dettes de la commune payées
(65,594 fr. 12 c.) que..................... 56,284   88

A ce chiffre, il convient d'ajouter, pour connaître
le total des ressources extraordinaires mises à notre
disposition :

— Le produit de la vente au département des bâtiments de l'Ecole normale...................... 18,000   »

— Un emprunt pour les fontaines.............. 20,000   »

*A reporter*........ 94,284   88

Report.........  94,284  88

— Un emprunt pour le solde des travaux de pavage et de construction de l'abattoir...............  31,780  »

— Diverses subventions accordées par le Gouvernement :

1° En 1854, pour faire travailler les ouvriers....................  8,000  »

2° Pour construction d'une annexe à la mairie....................  10,000  »  } 21,000  »

3° Pour construction de la salle d'asile......................  3,000  »

Total des ressources extraordinaires mises à notre disposition ...........................  147,064  88

Voici le montant des travaux extraordinaires que nous avons fait exécuter, de 1850 à 1864, soit à l'aide des ressources extraordinaires, soit avec les ressources ordinaires du budget ; nous devons, toutefois, rappeler que les dépenses de l'hospice ont été soldées, comme nous l'avons déjà indiqué, avec des ressources spéciales (subventions de l'État, précédentes donations).

HOSPICE. — (Achat de terrain, construction, ameublement) ............................  169,640  37

OUVERTURES ET ÉLARGISSEMENTS DE RUES. — (Rue du Dépôt, rue de la Gendarmerie, rue Maubey, rue Meunier, avenue Napoléon)....................  20,936  28

CONSTRUCTIONS D'AQUEDUCS. — (Aqueducs de la rue du Prat, du boulevart Simonneau, du boulevart de la Comédie, de la Grand'Rue, du faubourg Paris).  9,040  27

CONSTRUCTIONS DE FONTAINES. — (Réparation des anciennes conduites ; création de sept nouvelles fontaines : maison Delannoy, faubourg de l'Étang, faubourg Moulins, faubourg des Tanneries, faubourg des Bouchers, rue Maubey, boulevard de la Comédie...  28,099  42

A reporter.........  227,716  34

Report......... 237,716 34

CONSTRUCTION DU PAVAGE :

A la charge des particuliers..... 22,726 36  
A la charge de la ville.......... 33,901 76  } 56,628 12

CONSTRUCTION D'UN ABATTOIR............... 47,415 46

CONSTRUCTIONS DIVERSES. — (Salle d'asile, agrandissement de la mairie, etc.) ................. 25,712 93

ACQUISITIONS. — Maison Aubreton, salle Raby,
emplacement de l'usine à gaz, etc.).............. 16,463 59

Total des travaux extraordinaires ou acquisitions
sur les ressources extraordinaires ou sur les excédants des budgets ......................... 373,635 44

Nous avions trouvé un budget en déficit; nous avons laissé un budget qui a présenté un excédant important sur les recettes prévues.

Dès 1869, par l'entier remboursement des emprunts contractés pour les fontaines, le pavage et l'abattoir, le budget offrira un excédant annuel de près de 10,000 francs qui, dès maintenant, peut permettre, sans avoir recours à aucune imposition extraordinaire, de songer à la réalisation de nouvelles améliorations municipales (1).

Nous avons trouvé 65,594 francs de dettes; nous avons laissé, au mois de juin 1864, sur l'exercice 1863, un excédant de recettes

(1) Rapport présenté au Conseil municipal actuel dans la séance du 15 décembre 1865, par la commission chargée d'examiner le projet de budget soumis par M. le Maire. « C'est donc un excédant de 10,348 fr. 61 c., dont « nous pouvons annuellement disposer, lit-on dans ce rapport, pour ré- « soudre les questions que nous aurons à débattre. Jusqu'en 1869, cet « excédant est en partie absorbé et 5,000 francs environ seulement seront « annuellement disponibles; mais, à partir de cette époque, nous pourrons « disposer de tout l'excédant du budget ordinaire. Nos prédécesseurs nous « ont laissé les ressources nécessaires pour trouver la solution des ques- « tions que le temps, ou les circonstances ne leur ont pas permis de « résoudre. »

s'élevant à 13,953 francs (1) ; à la même époque, la recette municipale avait en caisse plus de 20,000 francs pour les besoins du
service. (2).

Nous avons pu satisfaire aux exigences de notre gestion, avec les
excédants des budgets ordinaires réunis aux ressources extraordinaires que nous venons d'indiquer, sans grever la commune d'aucune
imposition extraordinaire.

Tels sont les résultats financiers que nous sommes heureux de
pouvoir présenter à nos anciens administrés.

Un hôpital édifié, — une salle d'asile ouverte, — la ville réparée
et éclairée au gaz, — des aqueducs construits, — des fontaines
créées, — un abattoir élevé, — l'hôtel-de-ville agrandi et réparé,
— une société de secours fondée, — voilà une partie de notre bilan
administratif.

C'est après ces heureux résultats obtenus, — c'est à la veille de
ma réélection au Conseil général, — c'est en pleine possession de la
confiance de mes administrés, — que j'ai été enlevé à des fonctions
que j'aimais avec toute l'ardeur d'un sincère dévouement.

Aux élections départementales, qui suivirent ma révocation, sur
3,102 votants, j'obtins 2,830 suffrages.

Mes concitoyens me donnèrent, l'année suivante, un nouveau et
précieux témoignage de leur confiance, en me nommant le premier
du Conseil de la commune.

Je dois donc oublier les attaques auxquelles j'ai été en butte ; je ne
dois me souvenir que des marques de sympathies qui m'ont été pro-
diguées, et de la haute faveur dont j'ai été honoré par le Gouvernement impérial, peu de temps après ma révocation.

C'est avec une profonde reconnaissance que j'ai accueilli ma no-

(1) Chapitres additionnels au budget de 1864 votés par la commission
municipale dans sa séance du 27 juin 1864.

(2) État de situation de la caisse municipale au 1er juin 1864.

mination à la vice-présidence du tribunal de Guéret. Je trouve dans la magistrature de précieuses traditions de famille que je m'efforcerai de continuer : mon grand-père, mon père m'ont montré la voie que je dois suivre.

Je m'étais consacré tout entier à mes anciennes fonctions municipales ; avec les mêmes sentiments du devoir, je m'adonnerai à mes nouvelles fonctions.

Quoiqu'il advienne, ma reconnaissance n'oubliera pas les témoignages unanimes de bienveillance et de sympathie qui m'ont été donnés si vifs et si nombreux. Mon dévouement aux intérêts de notre pays saura égaler ma reconnaissance.

Guéret, imp. de BETOULLE.